AF332748

DISCOURS

Prononcé par M. HENRYS DES NOIZET, l'un des Sécrétaires de la Société des amis de la Conſtitution établie à Bourmont, & affiliée à celle de Paris.

SÉANCE

Du Dimanche 10 *Avril* 1791.

M. M.

CHARGÉ par M. le Préſident de développer les cauſes de notre aſſemblée, je m'applaudis d'être en ce moment ſon organe, je m'honore de parler à des freres auſſi recommandables par leur patriotiſme, que redoutables par la fermeté de leur union.

A

M. M.

L'IGNORANCE ou la crainte, l'oubli ou le mépris des droits de l'homme, font les feules caufes des malheurs publics. L'abus, la confufion de tous les pouvoirs, la corruption, la rapacité des gouverneurs, la complaifance ou la foibleffe des gouvernés préparèrent & dictèrent enfin les droits naturels, imprefcriptibles & facrés de l'homme libre.

Une conftitution faite pour le bonheur de la patrie, s'éleve fur les ruines du defpotifme.

Voilà, M. M., l'autel autour duquel nous venons nous unir librement ; c'eft à fes pieds qu'expireront déformais les victimes de la liberté.

Que ceux d'entre vous qui ne fe fentent point le courage de défendre, jufqu'à la mort, les loix conftitutionnelles, fortent de cette affemblée, ce n'eft point pour eux que je vais parler, ils ne font point les enfans de la patrie.

Avant de vous entretenir de la majefté, de la grandeur & des vertus de la Conftitution, il faut en donner une définition intelligible.

Le but de la Conftitution eft d'affurer le bonheur de tous : « C'eft un ordre fixe » & conftant dans la manière de gouver» ner, & cet ordre ne peut être établi que » fur des règles fondamentales, créées » par le confentement libre & formel de » la Nation entière. La Conftitution eft » l'inhérence des pouvoirs néceffaires à la » garantie de l'ordre focial. »

La Conftitution rappelle au peuple fon éternelle puiffance. Elle lui apprend que le Souverain n'agit que pour lui, & ne peut exifter que par lui. Sa force fuprême ne le laiffe plus douter de fa fouveraineté. Ce nom ufurpé ne peut convenir qu'au peuple entier, parce que pris collectivement, il forme un corps phyfique & moral tout à la fois, lequel, par la réunion des volontés & des forces de tous les individus dont il eſt compoſé, préſente une maſſe, un centre de pouvoirs que nul pouvoir individuel ne peut ſurpaſſer.

Ce pouvoir ſuprême, qui conſtitue le Souverain, réſide toujours dans le peuple; il en eſt inſéparable, comme la volonté & la force d'un homme ſont inſéparables de ſon corps.

Mais ce pouvoir a toujours beſoin d'être délégué, & ces délégations variantes, partielles, reſtrictives, eſſentiellement affoiblies par des intermédiaires, ont formé des délégataires politiques, qui doivent ſe renfermer ſtrictement dans les bornes de leurs pouvoirs, & ſe porter un reſpect mutuel.

Bientôt l'ambition des Rois, des Princes, des Magiſtrats, qui ne ſont que des délégataires, a uſurpé leurs pouvoirs reſpectifs: le plus fort ou le plus adroit eſt devenu un deſpote, qui a déſolé & aba-

(5)

tardi celui qui l'avoit conftitué, je veux parler du peuple.

La Conftitution, fouvenez-vous-en, confifte dans la féparation diftincte, & la différence graduelle des pouvoirs publics ; l'harmonie & l'unité d'action entre les divers corps politiques la rendront perpétuelle & inébranlable.

La Conftitution Françaife, malgré les defpotes, fera éternelle : elle eft néceffaire à notre climat, elle convient à nos caractères, elle deviendra la loi des hommes : égalité ! liberté ! vertus ! voilà le livre des nations, c'eft celui de la nature.

La France eft aujourd'hui toute *françaife* ; l'amour de la patrie vient de former un creufet, où font venus fe fondre toutes diftinctions humiliantes, toutes exclufions, tous privilèges. La vertu, l'humanité, la liberté nagent fur le torrent de l'ariftocratie, elles planent fur les vieilles opinions de ceux qui dégradaient la dignité de l'homme, en nous regardant comme des efclaves.

La Nation déclarée souveraine, le pouvoir législatif rendu aux mains qui l'avaient créé, l'autorité royale replacée dans ses véritables bornes, l'hérédité de la couronne assurée dans les mâles de la famille régnante, désormais plus de Régence dans la main des femmes, l'anéantissement des ordres inutiles, la suppression de tous les privilèges, l'égalité de tous les droits, les mains sanglantes de la féodalité abattues & foulées aux pieds de l'humanité qu'elles poignardaient.

La France partagée en Départemens égaux, sans privilèges particuliers, toutes les provinces forment aujourd'hui un tout individuel, un véritable centre d'unité : une administration économe, juste & toujours agissante, un nouveau systême d'impositions simples, équitablement réparties.

Un clergé citoyen, sorti de la misère, tout riche de vertus, tient à la main le flambeau de la vérité, pour éclairer la superstition, & faire pâlir le fanatisme.

Des prêtres vertueux, des miniſtres né-
ceſſaires ſervent de conſolation aux mal-
heureux, en verſant ſur ſa tête un déluge
d'eſpérances.

Voilà, M. M., voilà le fruit précieux
d'une conſtitution, que l'harmonie des
véritables Français rendra éternelle. Voilà
les principes que nous voulons profeſſer,
que nous voulons expliquer à ceux qui ſont
privés du bonheur de les entendre.

Nous ſommes ici un corps ſocial, une
ſociété libre, une collection d'hommes,
eſſentiellement, par affection comme par
devoir, ſoumiſe à la loi. Nous jurons de
n'admettre parmi nous, que ceux qui ſau-
ront la reſpecter & s'y conformer. Im-
muables comme la raiſon & la vérité que
nous avons toujours cherché à prendre
pour guides, nos opinions ne varieront
jamais.

Nous ſavons que l'honneur conſiſte à
obſerver la loi, & à concourir de tout
notre pouvoir à en faire reſpecter les mi-

niftres. Pour la liberté, fon véritable ca-
ractère eft une fcrupuleufe obéiffance à la
loi ; nous nous garderons bien de la con-
fondre avec la licence.

Comme nos freres de la ci-devant Bré-
tagne, nous déclarons qu'heureux & fiers
d'être libres, nous ne fouffrirons jamais
qu'on brave la loi, qu'on attente aux droits
de l'homme & du citoyen, nous oppofe-
rons aux ennemis de la chofe publique,
toute l'énergie qu'infpirent le fouvenir
d'une longue oppreffion, & la confiance
d'une grande force.

Nous n'invitons perfonne d'affifter à
nos féances, parce que nous avons penfé
qu'il n'y avait pas befoin d'invitation, afin
de venir manifefter fes fentimens pour le
bonheur de la patrie.

Les bons citoyens qui ne feront pas
membres de notre fociété, auront à fe
reprocher de ne pas s'y être préfentés.

Quant à la contre révolution, fon idée
doit rafermir votre courage, vous ne vous

laisserés pas épouvanter par les sifflets im-
posteurs de l'aristocratie, par les cris im-
puissans du despotisme.

La nation, disait un guerrier citoyen,
se suffit à elle-même, pour consolider la
révolution, elle a deux forces invincibles,
l'énergie du Peuple & la bonté du Roi.

Si des esclaves, trompés par des tyrans,
viennent pour nous ravir notre liberté,
nous nous souviendrons que nous sommes
Français ; nous nous souviendrons que
nous sommes maîtres de demeurer libres.
Par nos armes nous sommes l'effroi de nos
voisins, nous serons toujours leur mo-
dèle, nous deviendrons l'honneur de la
liberté.

Si la rage de nos ennemis veut détruire
notre constitution, nous éléverons une
piramide aussi glorieuse, aussi imposante
que les Suisses nos amis.

Les Bourguignons voulant troubler leur
liberté, ils furent vaincus ; les Suisses
pour conserver le souvenir de leur vic-

toire, firent conftruire une haute piramide, autour de laquelle ils élevèrent un
amas épouvantable de leurs offemens, puis
ils gravèrent en lettres de fang fur toutes
les faces de leur piramide, cette infcrip-
tion mémorable.

  ,, *Les Bourguignons ont voulu vain-*
,, *cre un peuple libre, voilà ce qu'ils*
,, *ont laiffé.* ,,

Comme les Suiffes, nos braves & fidèles
alliés, nous ferons unis de patriotifme,
nous ferons redoutables par notre courage, & défendus par nos vertus.

MAINTENANT, M. M. permettés à ma douleur une explosion de soupirs & de sensibilité.

Profondément affligé du malheur de tous les bons Français, mon ame est en deuil, la patrie est veuve ; son amant n'est plus, MIRABEAU est mort.

Si les ames fortes, si les véritables défenseurs de la patrie étaient exempts du trépas, MIRABEAU eût été immortel. Mais parce que nous sommes nés pour mourir, l'ami de la liberté vient de payer un tribut trop précoce à la nature.

Collaborateur infatigable d'une constitution difficile, il ne verra pas la fin de son ouvrage. Semblable à l'architecte ingénieux qui éleve l'édifice jusqu'au faî te, pour n'y entrer jamais.

La mort conduite par la main du tems, n'est plus effrayante, elle porte avec elle l'ordre de la nature, qui veut que toute chofe naiffe, finiffe & fe fuccède.

Mais la mort devient défolante, quand, avec fa faux vorace, elle abat l'homme dans la force de l'âge, & détruit celui qui contribuait au bonheur de fa patrie.

Les fervices que nous a rendus celui que nous pleurons, préfageaient ceux qu'il pouvait encore nous rendre.

Ce qui augmente la douleur de nos regrets, c'eft que la violence, la précipitation de fa mort ont mis des bornes à notre reconnoiffance. MIRABEAU n'eft plus. Les fleurs dont nous le couvrirons, fécheront fur fon tombeau, fans parvenir jufqu'à lui ; il n'entendra pas jufqu'à l'expreffion de notre douleur . . . il n'eft plus . . . ici mon cœur oppreffé m'empêche de pourfuivre . . . arrêtons-nous un inftant pour verfer des larmes fur fa tombe . . . . . Nous l'avons perdu, M. M. ce patriote refpectable . . . . Hélas ! ils ne font que paffer ces hommes, l'honneur de l'humanité ; tandis qu'on voit une foule d'êtres inutiles errer fous le poids de la vie, de la misère & du crime.

Quand abattus par notre douleur, nous verrons s'élever lentement & paffer devant nos yeux furpris, cette ombre facrée, objet de notre vénération, alors notre reconnoiffance fera confternée, elle fera réduite à pleurer fon impuiffance.

C'en eft affés, M. M. ranimés votre courage. En dépit de la mort, MIRABEAU vivra, & le tombeau ne fera point pour lui la porte du néant : fon ame eft demeurée au milieu de nos Repréfentans, & fes fentimens fe retrouveront parmi nous. Raffurés-vous, M. M. la patrie éplorée fe confolera dans les bras de l'Affemblée Nationale ; elle fera défendue par un peuple libre. Ainfi la nuit en voilant une partie du jour, fait reparaître des luftres innombrables attachés à la voute du Firmament.

Pour adoucir l'amertume de nos regrets, pour l'acquit de notre commune
reconnoiſſance, en témoignage de notre
douleur, je vous propoſe un deuil, je
vous propoſe de faire célébrer un ſervice
funèbre, pour l'honneur de la mémoire
de MIRABEAU. Il était notre ami,
il était notre frere, puiſqu'il était le dé-
fenſeur & l'enfant de la patrie.